二条城を極める

はじめに

—二条城の経緯—

二条城は、城というより邸宅と思っている人が多いのではないでしょうか。観光旅行や修学旅行で訪れた人たちの大部分は、将軍の政治の場、居住施設となった二の丸御殿に入り庭園を見て、本丸には立ち寄らず一周したと思って帰っていきます。国宝の二の丸御殿にばかり目が行きますが、実は二条城は徳川幕府の京洛を抑える拠点城郭だったのです。大坂の陣では、家康が入城し「幕府の本営」となりました。二条城が幕府の軍事拠点であったことを物語る出来事です。

本書は、二条城がいかに軍事的施設であったかを中心にまとめました。本書を片手に、幕府の拠点城郭として築かれた二条城を堪能してください。

慶長5年（1600）関ヶ原合戦に勝利し、ほぼ天下を掌握することに成功した家康は、翌年都に新たな城の造営を開始した。それが二条城である。家康の二条城は、現在の二の丸御殿を中心とする東側部分だけの単郭の一重の堀で囲まれた方形プランの城であった。同8年、家康は伏見城で将軍宣下を受け、二条城から将軍拝賀の礼に赴いた。その後、朝廷の勅使や公家門跡、諸将を迎えた宴を開催、ここに二条城は、将軍家の都での儀式の舞台となり、名実共に幕府の「政」の城となった。次いで、二代秀忠も将軍就任の賀儀を二条城で実施。同16年には、秀吉の遺児・秀頼と家康が対面。その後の大坂冬、夏の陣では、徳川方の本営が置かれ、城が幕府の軍事拠点であったことを天下に知らしめる。

元和6年（1620）には、秀忠の娘和子《まさこ》が後水尾《ごみずのお》天皇の女御《にょうご》として入内《じゅだい》するための宿所となった。和子入内を果たした幕府は、公武和合の政策を進めるためにも、後水尾天皇の二条城行幸を計画、寛永3年（1626）実現を見る。行幸に併せ、城は大きく西側に広げられ、そこに内郭として、内堀で囲まれた方形の本丸が付設された。この大規模な拡張工事により、現在見られる典型的な回字形の平城が完成。行幸施設は、現在の二の丸庭園の南に造営されたが、その後全て撤去され院御所等へ移築された。

寛永11年（1634）の家光上洛を最後に、将軍の上洛は途絶えてしまう。幕末を向かえ政治状況が混沌とするなか、14代将軍家茂《いえもち》の上洛が決定。これにあわせ、荒れ果てていた城は、再び整備される。慶応3年(1868)、慶喜《よしのぶ》は二条城大広間で大政奉還を発表。続いて王政復古の大号令が発せられ、辞官納地が慶喜へ伝達。翌年、新政府は二条城を接収、行幸した明治天皇は、倒幕の詔を発した。二条城は、徳川幕府の成立と滅亡という二つの舞台になったのである。

二条城を極める もくじ

Contents

二条城を歩く

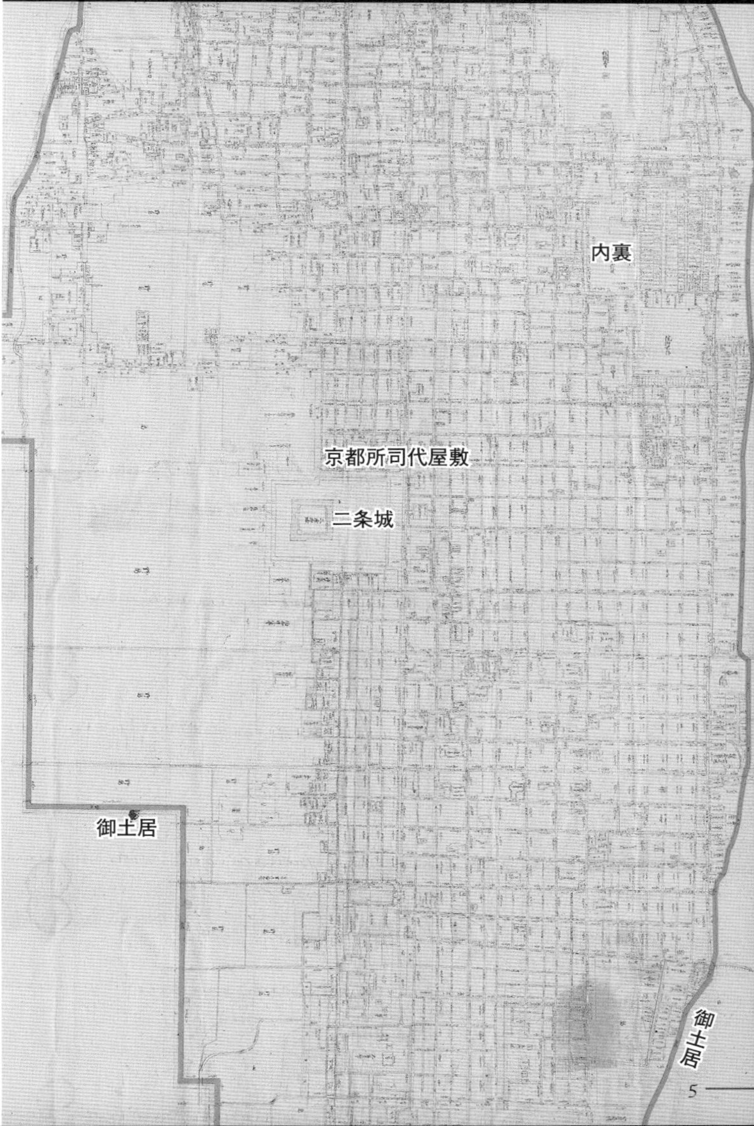

洛《らく》中《ちゅう》絵《え》図《ず》（宮内庁書陵部蔵） 寛永十四年（一六三七）の京都（洛中）を描いた絵図。御土居に囲まれ、碁盤の目状に広がる町並みと二条城の位置がよく解る。

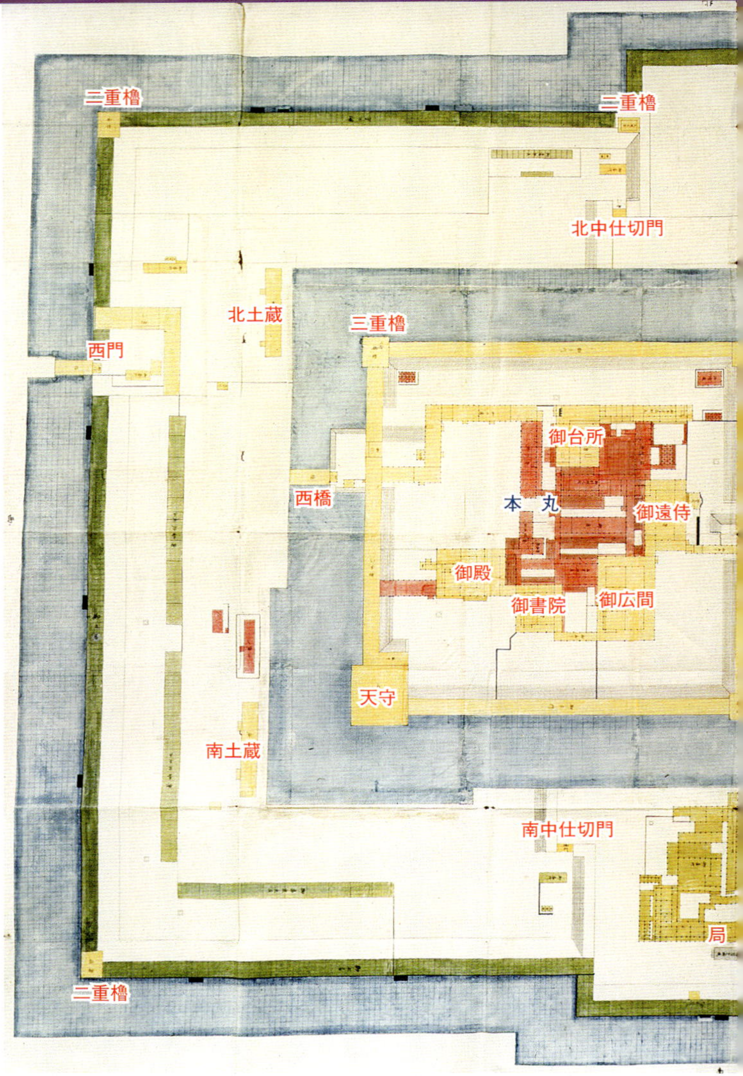

行幸《ぎょうこう》御殿《ごてん》其外《そのほか》古《こ》御建物《おんたてもの》并《ならびに》當時《とうじ》御有形《おんありかた》御建物共《おんたてものども》二條《にじょう》御城中《おんじょうちゅう》絵《え》図《ず》（京都大学附属図書館蔵） 後水尾天皇行幸時の姿を伝える絵図。赤、緑で色分けされて

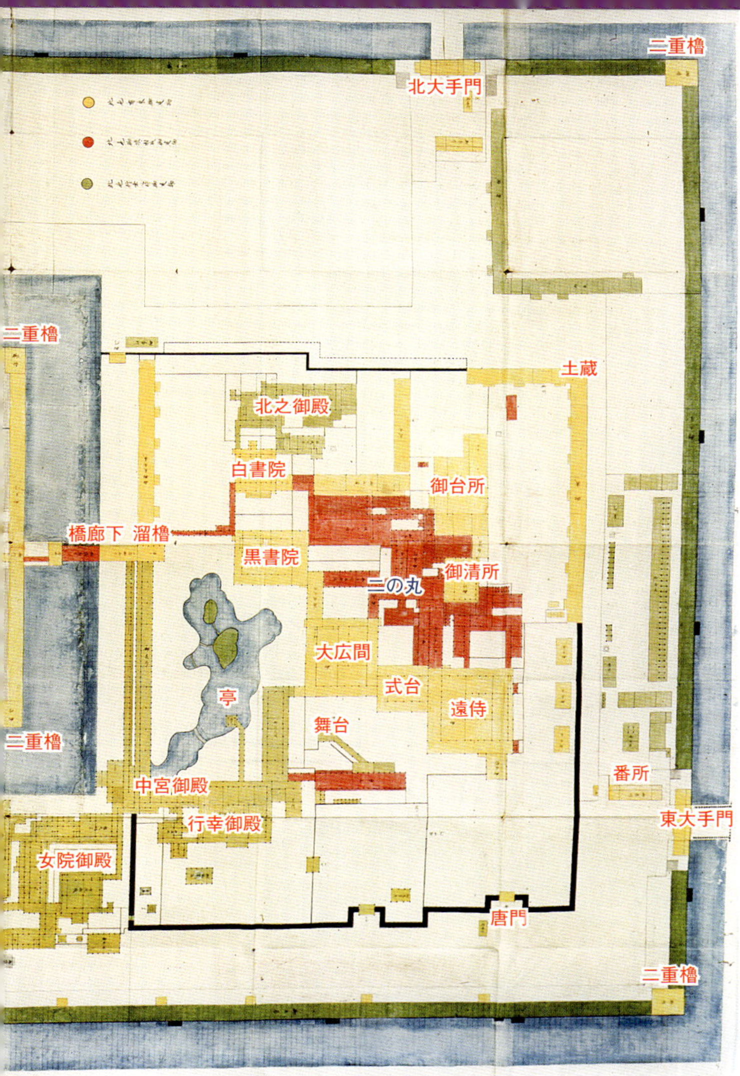

いる行幸用の建物は、終了後に御所等へ移築されるなどして全てが撤去された。

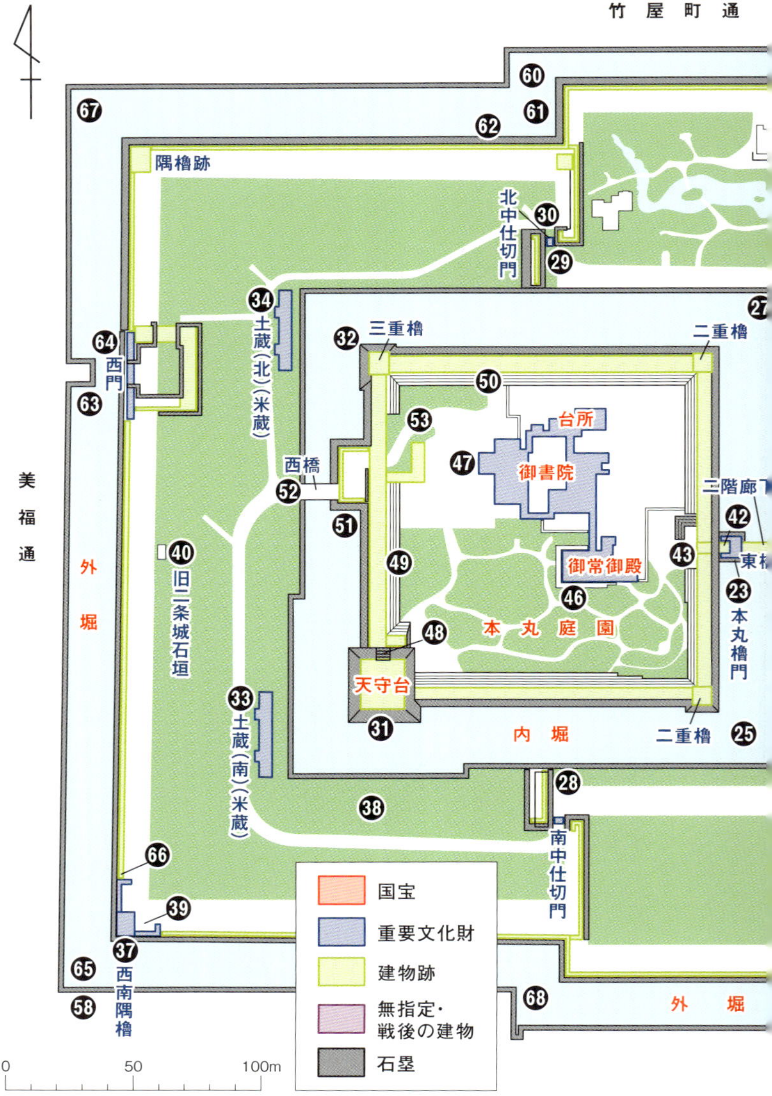

竹屋町通
美福通
隅櫓跡
北中仕切門
土蔵(北)(米蔵)
西門
三重櫓
二重櫓
台所
御書院
西橋
二階廊
東
旧二条城石垣
外堀
御常御殿
本丸庭園
本丸櫓門
天守台
内堀
二重櫓
土蔵(南)(米蔵)
南中仕切門
西南隅櫓
外堀
国宝
重要文化財
建物跡
無指定・戦後の建物
石塁
0
50
100m

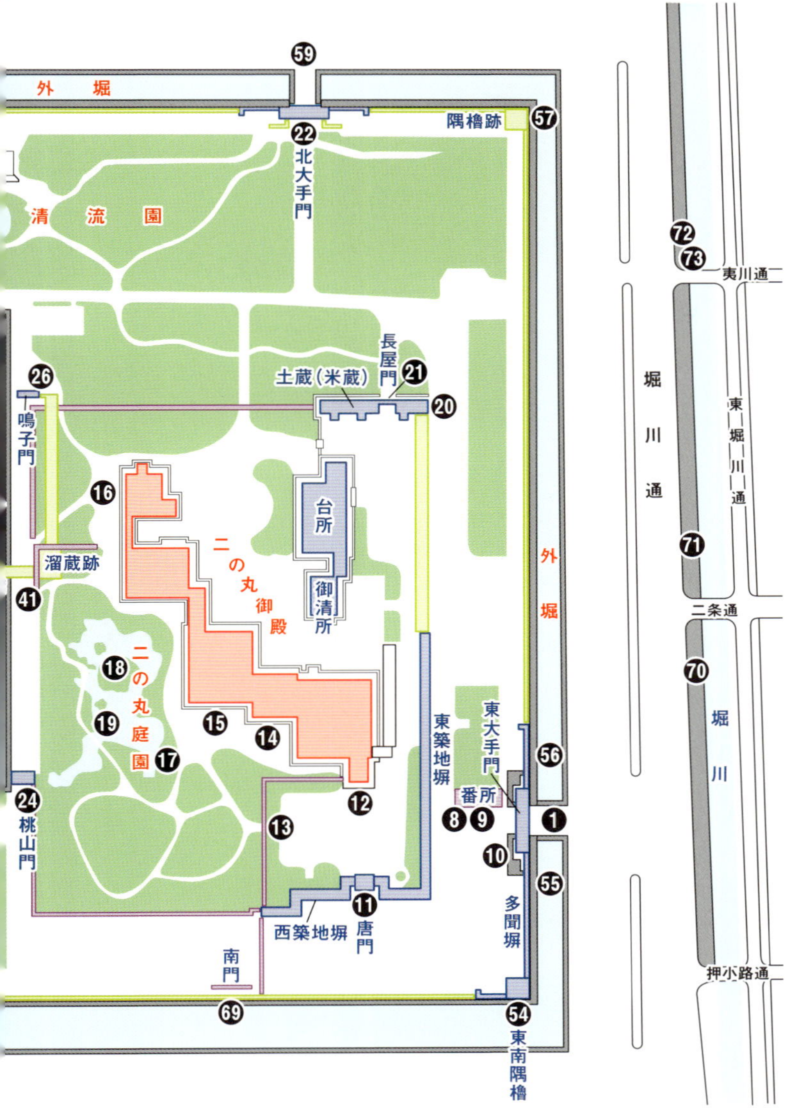
外　堀
59
隅櫓跡
57
22
北大手門
清　流　園
長屋門
21
土蔵（米蔵）
20
26
鳴子門
16
台所
二の丸御殿
御清所
溜蔵跡
41
二の丸庭園
18
19
17
15
14
12
13
24
桃山門
東築地塀
東大手門
番所
8
9
1
10
56
55
多聞塀
11
唐門
西築地塀
南門
69
54
東南隅櫓
外堀
堀川通
東堀川通
72
73
夷川通
71
二条通
70
堀川
押小路通

東大手門

ひがしおおてもん

❶堀川通側から見た東大手門（重要文化財）

二条城の正門で、桁行13間×梁行3間の巨大な櫓門。徳川家康による造営当初から東を正面としていた。後水尾天皇の行幸時も、ここから入城している。天皇行幸に併せ、門も単層に変えられた。

城外から城内へ入る門は、東大手門・北大手門・西埋門《うづみもん》の3ヵ所であった。東を大手としたのは、城の東北に位置する内裏への無言の圧力と、参内の利便性からと考えられる。慶長創建当初は櫓門《やぐらもん》であったが、後水尾天皇の行幸時に単層の根拠不明の門に改造された。これは、天皇が通る門の上に、人の乗るスペースがあることをはばかったためであろう。寛文2年（1662）に再び軍事的色彩の強い、現在見られる櫓門に改修された。初重正面の柱や扉、冠木以外はすべて変えられたことが、造営時の記録である『二條御城東御門櫓御材木積帳』から判明する。

❷東大手門門部分

門部分の間口は五間で、中央に大扉、左右脇に小門が設けられている。通常、大扉は閉じられており、小門から出入りしていた。一階の通路上に連続して格子窓が開けられたのは、敵の監視と攻撃のためである。また、冠木より外へ張り出した床面には、石落しが配されている。

❸肘壺《ひじつぼ》

扉の取り付け方法

城門の扉は鉄製の肘壺で吊られている。扉の側面に差し込む壺金と、鏡柱の背面に打ち込む肘金を組み合わせたもので、本来共に平たい柄が付いているが、扉や鏡柱《かがみばしら》に差し込まれているので見えない。東大手門の大扉は、肘壺が３つ取り付けられている。通常、上下２つで足りるため、３つにしたのは、それだけ大扉が強固で重たかったということであろう。

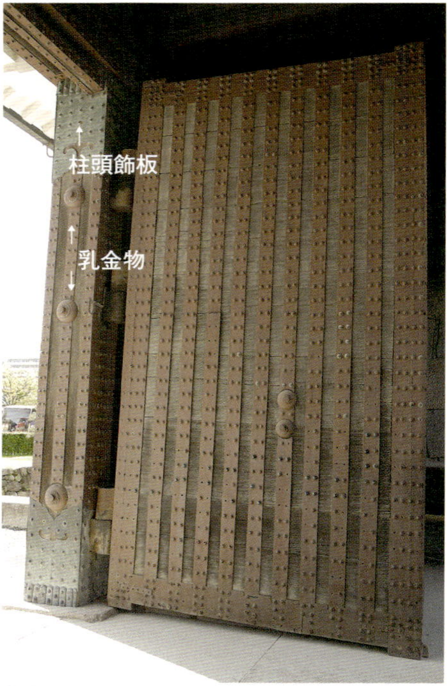

❹東大手門の大扉

❺南側の小門

門の扉はどのくらい頑丈？

大扉の裏側❻に注目すると、柱ほどの太さを持つ格子が隙間なく縦に並んでいる。さらに❹の大扉表側には板が横向きに張られ、極めて頑丈であることが解る。これだけでも十分であるが、東大手門は❺の小門、鏡柱を含め「鉄板」が張られていた。鉄板は、少し隙間を空けて筋状に張られており、数多くの鋲によって留められていた。鉄板を張ることによって、著しく強度は増し大砲による攻撃にも耐えうる構造となっている。

乳形の乳金物は、鏡柱の後方から打ち込まれ、表に突き出た肘金の柄の先端や、扉に打ち込まれた閂鎹の先端を隠すための飾り金具である。

その他、鏡柱や脇柱に用いられている根巻金物・柱頭飾板は、銅製であった。

❻大扉の閂《かんぬき》と閂鎹《かんぬきかすがい》

❼小門の閂と閂鎹

門扉は、どのように閉めていたのだろう

２枚の扉の間に閂を渡して、扉を止めている。閂を抜けなくするためにコの字形の鉄金物「閂鎹」を、向かって右扉に２ヵ所、左扉に１ヵ所打ち付けるのが通常であった。閂の長さは、左右の扉の端に取り付けられた閂鎹間より若干長くなる。長すぎれば、差し込みがうまくいかず、短すぎれば閂鎹から抜けやすくなってしまう。小門の扉は、片扉になるため、門扉に２ヵ所、柱に１ヵ所の閂鎹が打ちつけられた。さらに、閂の強度を増すため、閂すべてを鉄板で覆っていた。

❽番所と東大手門

番所は、入城者のチェック機能を持つ施設で、門の内側に建てられていた。正面10間（約20 m）、奥行3間（約6 m）で、前側の二間畳敷に門番が勤務していた。

❾番所全景

江戸から派遣された大番組の二条在番の武士が警護の任にあたっていた。毎年2組（1組50人）が4月に交代。番所は、在番武士の詰め所の一つである。

❿大手門の二階への石段

大手門の左右には土塀が接続しており、門二階部分の手前に土塀囲みの空間が設けられている。門二階へ入るためと、その空間から攻撃するために幅広の雁《がん》木《ぎ》が設けられており、昇り塀によって遮断されていた。

⑪二の丸御殿唐門《からもん》（重要文化財）

二の丸御殿入口に設けられた門で、御殿車寄《くるまよせ》（玄関）に入る正門。切妻造で前後軒唐破風《のきからはふ》付の四脚門《しきゃくもん》で屋根は桧皮葺《ひわだぶき》。慶長創建時に建てられ、後水尾天皇の行幸に併せ改修が施されたと考えられている。

屋根に唐破風を持つ門を唐門といい、二条城の唐門のように正面および背面に持つものを向唐門と呼ぶ。軍事的色彩の無い儀礼的な門である。二条城唐門の正面及び背面の飾金具は菊紋と鳳凰。正面彫刻は上段に蝶、欄間部分は蟇股《かえるまた》に亀、その左右を鶴が飛ぶモチーフとなっている。背面は、上段に蝶、欄間部分に鳥、蟇股に黄安仙《こうあんせん》人《にん》が配され、妻飾りは獅子と牡丹で統一されている。その他、龍虎や唐獅子の彫刻も見られ、極めて装飾性の高い門である。

⑫南より見た二の丸御殿（国宝）

慶長創建時に造営され、寛永元年（1624）後水尾天皇行幸のために新造補修が施された。貞享3年（1686）から宝永2年（1705）にかけて大修理が実施され、今ある姿となった。遠侍《とおざむらい》・式台・大広間・蘇鉄《そてつ》の間・黒書院《くろしょいん》・白書院《しろしょいん》の6棟が南東から北西に向かって雁行状《がんこうじょう》に連なる構造である。

⑬二の丸庭園入口の塀重門《へいじゅうもん》

二の丸庭園と御殿を区切る場所に設けられた近代の門で、往時のものではない。通常の門に見られる平行材を渡さない簡易な門で、2本の門柱に扉をつけただけの門である。実用には適さず、仕切りとして用いられた。

⑭西より見た式台と遠侍

二の丸庭園より見た建物外観。左端の建物が大広間、真ん中が式台で、平側を見せる建物が遠侍。遠侍は車寄が付設し、約320坪弱の規模を誇る城内一の大建築で、諸大名の控えの間にあてられた。

⑮南より見た大広間と黒書院

右側が、二の丸御殿の中心的建物であった大広間。将軍と諸大名との対面所であり、公式儀礼の場所でもあった。室内装飾は御殿建築の中で、最も華麗を極めたものとなっている。

⑯西から見た白書院

黒書院と長い廊下によって接続する白書院は、将軍の休憩所及び寝室にあてられた建物で、二の丸御殿の最も奥まった場所に位置する。寛永年間にこの奥に「北之御殿」と呼ばれた家光の「御座間《ござのま》」が造営されたが、現在は失われている。

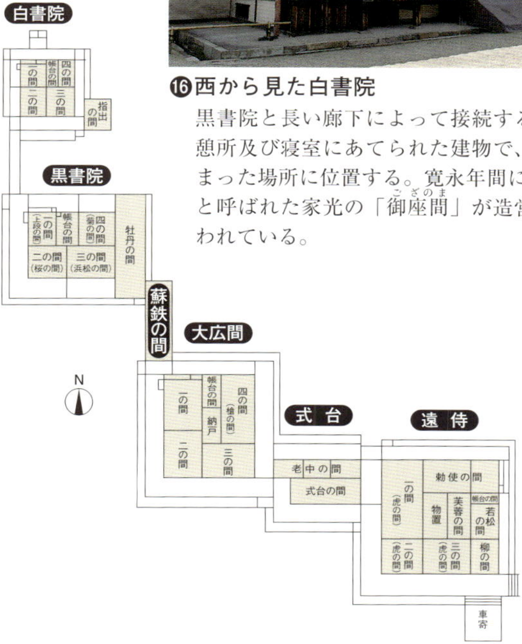

二の丸御殿は、遠侍・式台・大広間・蘇鉄の間（大廊下）・黒書院・白書院から構成されている。玄関である車寄から入り、階段を上がると遠侍となる。遠侍の奥に天皇の勅使《ちょくし》と対面する勅使の間があり、他の部屋は諸大名の控えの間として利用された。その奥の式台の間は、大名の家来の控室。次の大広間が将軍と諸大名との対面の場で、二の丸御殿の中心建物であった。

二の丸庭園
にのまるていえん

⑰二の丸庭園（特別名勝）と黒書院

二の丸庭園は、唐門を入り、左に折れて塀重門を入った場所に位置する。雁行して並ぶ二の丸御殿の西側一帯に広がる池泉庭園で、大広間の上段一の間から眺めることを前提として作庭されている。四方八方から鑑賞できることから「八陣の庭」とも呼ばれている。

家康築城時から、現在地に庭園があったことは屏風等の絵画資料からも判明する。後水尾天皇の行幸に伴い、庭もまた小堀遠州の指導で改修が施されたと伝わる。行幸御殿と中宮御殿は庭園の南側に配され、行幸御殿から廊下を付けて庭を眺めるための御亭《おちん》が設けられた。庭園は、二の丸御殿大広間、同黒書院、行幸御殿・中宮御殿の三方からの鑑賞を考慮し改造されたのであろう。大広間から眺めると、天守が借景となるため、その景観は圧倒的であった。

⓲北より望んだ二の丸庭園

中央の島が蓬莱島、手前の小島が亀島、写真では見えないが背後に鶴島が配されている。この三島で神仙蓬莱の世界を表現するとの説もある。おびただしい数の石が、縦横に配され、武家庭園らしい雄大な景観が広がっている。

⓳庭園南西奥を見る

池には自然石を利用した石橋が4ヵ所に見られる。西南にある大石橋が最大規模で、いずれも結晶片岩（青石）となる。「二条御城中絵図」では、4ヵ所共に木橋となっている。

⑳ 東より見た土蔵（米蔵）（重要文化財）

展示・収蔵館の北西側に東西に建つ土蔵（米蔵）。ほとんどの人が、重要文化財とは知らずに通り過ぎているが、米蔵の現存例は二条城に残る3棟だけと、極めて貴重な建物である。

㉑ 北より見た土蔵長屋門

この土蔵は、二の丸御殿を囲う塀の役割をも担っていて、間に長屋門を挟んで3戸分が残されている。かつては、矩折れとなり南側に7戸分の土蔵が接続し、さらに二の丸御殿を囲む築《つい》地《じ》塀《べい》へと繋がっていた。

㉒城内より見た北大手門（重要文化財）

城の北側にある大手門で、外堀を挟んで竹屋町通りに面している。構造そのものは、東大手門と同形式であるが、規模はわずかに小さい。現在、一般には公開しておらず、通用門として利用されている。

二の丸の北西側は、創建時の天守が存在した場所であるが、後水尾天皇行幸による改修で、天守は淀城に移築され空き地となった。その後、番士の居住施設が建てられた。大正 4 年（1915）、大正天皇即位式饗宴の儀の場として利用。昭和 40 年（1965）に、旧角倉了以《すみのくらりょうい》の屋敷の一部、庭石、庭木等を無償で譲り受け、その他寄贈された銘石等を利用し和洋折衷庭園「清流園」が造営された。

㉓南より見た内堀と本丸櫓門（重要文化財）

本丸は、四周を水堀で取り囲まれ、東西に虎口が設けられていた。虎口は共に木橋で接続しており、東が正面となる。東虎口は、現在木橋と本丸櫓門が現存するのみで、橋廊下、二階廊下は失われてしまった。

（古写真１）本丸櫓門と二階廊下

㉓の写真とほぼ同位置から見た明治期の景観。橋の右側が二階廊下、その右に溜蔵が見える。二階廊下の階下には門が設けられ、南北の往来を可能にしていた。二階と廊下は、白漆喰で塗籠められていた。これらの部材は、現在解体され保存されている。

（古写真１合成）橋廊下・二階廊下・溜蔵復元

寛永３年（1626）、後水尾天皇行幸に併せ、二の丸から本丸への通路が一新された。二の丸黒書院から溜蔵へと延びる廊下を進み、溜蔵の二階へあがり、二階廊下と橋廊下を通って内堀を渡り、さらに本丸櫓門の二階から続く廊下を利用し本丸遠侍へと入ったのである。この間、一度も地面に降りることなく、二の丸御殿から本丸御殿への往来が可能であった。通常の場合は、一階の橋を渡って行き来し、天皇一行や将軍のみが二階廊下を使用したのであろう。橋廊下は、将軍の上洛が無くなったためか、貞享４年（1687）に二階廊下部分が取り壊され、一階の橋も宝永元年（1704）にかけ直されている。溜蔵と橋手前までの二階廊下は貞享４年から修理され江戸期を通じて現存し、昭和５年に取り壊されたが、溜蔵と、二階廊下の復元が予定されている。

合成写真は、あくまでイメージであってこのような構造の建物が、二の丸御殿と本丸御殿を繋いでいたのである。

㉔南より望んだ桃山門（重要文化財）

本丸東堀に面した二の丸側南北通路の南を固める７間幅の門。城門として珍しい長屋門形式となっているのは、かつて女院御殿の入口であり、中宮御殿と接続していた名残りと思われる。扉脇に、警備兵の詰所が残る。

㉕東よりより望んだ南側内堀

内堀を含めた本丸は、寛永３年（1626）の増築。手前の突出部は、本丸東南角二重櫓、後方の突出部が天守台にあたる。二重櫓と天守台は、多聞櫓で接続していた。後方にわずかに見えるのが西南土蔵である。

㉖北より望んだ鳴子門（重要文化財）

桃山門の対となる場所に位置し、北側を固める門。桃山門の半分程の規模の門であるが、格式の高い薬《やく》医《い》門《もん》形式となっている。北側からの御殿へ通じる唯一の門であるため、防備より格式の高さを求めた結果であろう。

㉗北より望んだ東側内堀

本丸の四周を取り囲む内堀は、幅約 23 mを測る。手前から、鳴子門、本丸櫓門（東虎口）、桃山門が見え、その位置関係が把握できる。手前石垣上には、北東角二重櫓が位置していた。二の丸側の土塁は、後世の付設であろう。

中仕切門 なかしきりもん

㉘外側（北東）より見た南中仕切門（重要文化財）

寛永増築部分の屈曲部南北には、喰違《くいちがい》の仕切の石塁が配されており、石塁がクランクする箇所に、南北を正面に仕切門が配されていた。同一規模、同一構造の埋門《うづみもん》で、内堀に面した方が正面となっている。

仕切門は、慶長創建時の西面に併せて設けられた石塁の喰違部分に南北面を正面として配された埋門である。二の丸側御殿が存在する東側と、西側と完全に遮断する役割を担っていた。天守が存在する本丸の対岸に、確実に人を入れないための施設である。正面側は腰屋根が設けられており、屋根が二重に見えるが、本来は上部屋根の高さに併せて土塀が設けられており、石塁上から攻撃が可能であった。二条城の戦闘的な部分を垣間見せる極めて貴重な遺構と評価される。

㉙外側（南東）より見た北中仕切門（重要文化財）

外側に面した面は、極めて厳重な造りで、冠木《かぶき》・鏡柱・扉の全てに筋状の鉄板が張られ、防備強化がはかられていた。門扉には潜戸《くぐりど》が設けられており、普段はこの潜戸が利用され、大扉は閉じられていた。

㉚内側（北）より見た北中仕切門（重要文化財）

内側と外側の造作は大きく異なり、内側から見ると薬医門のようにも見える。屋根は、石塁の高さに併せてあり、石垣を空けた埋門であったことがよく解る。控柱《ひかえばしら》等も、表側と異なり鉄板は張られていない。

天守台《てんしゅだい》

㉛南より望んだ天守台

天守台は、本丸南西角に突出するように築かれている。天守台は、御三家筆頭の尾張藩が築き、初重の平面規模は、東西10間×南北9間であった。後水尾天皇行幸に併せ、伏見城天守を移築したが、寛延3年（1750）に、落雷により焼失してしまった。

㉜北より望んだ本丸三重櫓台

本丸及び二の丸の隅角には重層櫓が配されていた。天守を含め八基の櫓が設けられたが、本丸北西隅のみ三重櫓とし、他はすべて二重櫓となっていた。天守と対の位置にあるため、三重櫓とすることで全体のバランスをとろうとしたのであろう。

洛中洛外図屏風より「二条城」部分　（重要文化財：財団法人林原美術館蔵）

家康が築いた天守の姿

元和年間（1615 ～ 24）の景観であるため、天守は家康が築いた慶長天守と言う事になる。この天守は、寛永拡張工事の際に解体され、淀城へと移築された。天守は本丸北西隅に位置し、南側に付櫓が接続する姿と思われる。各種記録から地階穴蔵を持つ五重天守であった可能性が高い。屏風では、三重櫓の上に三重櫓を載せた望楼式天守となっており、二重目、三重目、四重目が東西・南北・東西と交互に入母屋《いりもや》造りとなっている。交互に入母屋造りとなることはありえないため、他城の事例等から二重目が入母屋造りとするのが妥当であろう。とすれば、他の破風は入母屋造りの出窓か千鳥破風ということになる。最上階の屋根が唐破風造りとなっており、他城の慶長期に築かれた天守の外観意匠と極めて近い。柱を見せる真壁造りの白漆喰総塗籠で屋根は瓦噴き、望楼天守でありながら、高知城天守のように非常にスマートな印象である。

三重櫓や城門、多聞櫓、土塀は瓦葺きで描かれているが、御殿建築は台所のみ瓦葺きで、その他の建築物は桧皮葺《ひわだぶき》か柿葺《こけらぶ》きで表現されている。すでにこの時期には、軍事的施設と居住域との明確な区分がなされていたことが判明しよう。

㉝内側より見た土蔵（南）（米蔵）（重要文化財）

入母屋造りの細長い土蔵で、二条城にのみ３棟現存する。梁間３間で桁行は 18 間、９間で間仕切って、それぞれ一つずつの戸口が設けられているため２戸前になる。内部は一階建てであるが、米俵を高く積み上げるために建ちが高くなっている。

㉟土蔵の戸口

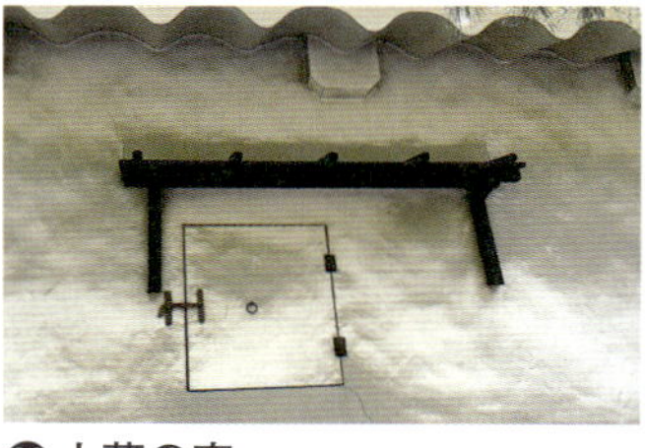

㊱土蔵の窓

㉞外側より見た土蔵（北）（米蔵）（重要文化財）

西南土蔵と対の位置にある土蔵で、梁間３間で桁行は17間と１間分小さいが、二部屋に仕切って、それぞれ一つずつの戸口を設けているのは同様である。屋根は３棟ともに本瓦葺きで、堀に面して４ヵ所に窓が設けられている。

土蔵の扉と窓

城内に建てられた土蔵のうち最大の規模を誇っていたのが米蔵である。兵糧米の備蓄用であったが、年貢米の一時保管や飢饉に備えた囲い米の保管にも使われた。大切な兵糧米を保管する施設であるため、外壁を厚い土壁とした防火建築である。扉は、塗込められた開き戸で、軒の出を長くし雨天での開閉にも備えていた。窓も同様に塗込めで、内面は片扉の開き戸、外側は両開きとし、上部に庇を設け風雨対策が施されていた。

二の丸西南隅櫓・土塀《にのまるせいなんすみやぐら・どべい》

㊲郭内より見た二の丸西南隅櫓（重要文化財）

二の丸の四隅に設けられた隅櫓は、ほぼ同一構造で、郭内から見ると、まるで土蔵のようであった。外側と大きく異なり、東・北面は、石垣というより、礎石程度の高さでしかない。窓が少なく、破風も無いのは、省力化のための工夫の一つである。他の櫓も郭内の意匠は同様であった。

必要欠くべからざる飲料水

城にとって飲料水の確保は、最重要課題の一つであった。二条城も例外ではなく、現在でも郭内に井戸跡が散見される。写真は、二の丸に残る方形の石積井戸で、往時は井戸屋が設けられていた。最盛期には、二の丸だけで10基以上の井戸が存在していた。二条城は、本丸・二の丸の周囲が水堀で、二の丸には池泉を持つ庭園もあり、水は豊富であった。

㊳二の丸井戸

㊴土塀（重要文化財）と控柱

土塀の控柱は石製で、上下２本の貫《ぬき》で支えるだけでなく、斜めの補強材が２本渡してある。本来、土塀本体の親柱と控え柱の間に貫が渡されるが、二条城では親柱も塗込められている。極めて、頑丈な造りであるが、貫の先端や上部に金属製の雨避けは設けられていないため、貫先端部が腐りやすかった。

信長が築いた二条城の石垣

京都市高速鉄道烏丸線《からすません》地下鉄建設に際し、烏丸下立売《しもだちうり》で確認された石垣を、二条城二の丸内に移築保存したもの。発見当初の石垣は、「犬走り」を挟んで上下２段に分かれていた。東西方向に８ｍ強に渡って検出されており、石材は普通の石材が 150 個程、石仏・板碑・礎石という転用石が 40 個程使用されていた。この石垣は、永禄12 年（1569）、15 代将軍足利義昭のために織田信長が築いたもので、常時 15,000 ～ 25,000 人の人役を投入し、70 日間程という短期間でほぼ完成させたとルイス・フロイスは記録に残している。

㊵移築保存された石垣

㊶ 東橋と本丸櫓門（重要文化財）

二の丸と本丸を結ぶ正面入口。木橋は、出枡状に突出し櫓門の門扉開口部と接続している。貞享４年（1687）に撤去されるまでは、橋の上に二の丸溜蔵と接続する橋廊下が存在していた。そのため、櫓門上部が窓の無い姿となっている。

㊷ 本丸側より見た本丸櫓門

櫓門内部は、左右に袖塀を設けた通路となっており、手前石垣上に多聞櫓が設けられ、その下部が門となる埋門形式の門が存在していた。多聞櫓東側と本丸櫓門二階が二階廊下で結ばれ、多聞櫓西側には本丸御殿遠侍へと続く通路が接続する姿であった。

㊸本丸東門枡形跡

多聞櫓を空けた埋門を通ると、本丸に内枡形空間が存在していた。南側に狭い石段、北面から西面には連続する雁木があった。枡形空間を形成するものの、枡形空間を取り囲むような土塀等の構築物は無かった。

本丸櫓門の内部の構造は？

かつては、二階廊下及び橋廊下が接続していたため、本丸からも二の丸からも櫓の二階に容易に出入りが可能であった。現在の状況になってからは、門内側に木梯子を設け、二階部へと上がる構造となった。二階部入口は引き戸となっており、そこから内部へと入ることになる。櫓の南北一・二階に各２ヵ所の窓が設けられており、内側は素木のままだが、外側は白漆喰で塗籠られている。窓を開閉すると格子が見えるため、格子のみ漆喰塗りとしたことが判明する。

㊹二階へ上がる木梯子

㊻ 御常御殿

御常御殿は、当主の日常生活に用いられた建物で、主屋のむくり屋根の上に望楼のような三階を載せた外観である。三階内部は、丸太長押を用いた数寄屋風の造りとなっている。

㊺本丸御殿（重要文化財）を望む

現在の本丸御殿の建物は、明治26年（1893）から翌年にかけて京都御苑今出川御門内にあった元桂宮の御殿を移築したもので、二条城に存在した建物ではない。しかし、公家住宅の貴重な遺構ということで重要文化財に指定されている。右端が、当主の日常生活に使われた「御常御殿」。中庭を挟んで左に「御書院」、「台所」が接続している。仁孝天皇の皇女和宮が14代将軍家茂に嫁ぐ前、約1年8ヵ月にわたって居住した建物で、孝明天皇の仮皇居にも使用された由緒を持つ建物でもある。

㊼玄関車寄

御書院は、中庭をはさんで西側に車寄と玄関が設けられている。大きな唐破風の車寄を入ると玄関と数室に分かれた控えの間があり、南側の廊下によって御書院と接続している。

㊽天守台への石段

幕府の大工頭中井家に残る図面と、現存する天守台の規模が一致するため、天守が10間×9間、北側に2間半×8間半の付櫓が存在し、そこに入口があったことが判明する。付櫓への石段が斜めになっているのは付櫓に接続する多聞櫓が存在したためである。

㊾本丸雁木《がんぎ》

寛永造営による西側部分の内部は、全て雁木造りとなっている。本丸の四周はすべて、南北の仕切り門の本丸側も雁木であった。これに対し、二の丸を取り囲む土塀の内側は、全てが土居造りとなっている。

㊿雁木

雁木の効用

郭の四周を囲む城壁に、郭内側から登るための通路は必要欠くべからざる施設であった。石垣の場合は、通常石の階段が使用されるが、石垣面に凹型の窪みを設け、そこから左右2方向に分かれて城壁と平行に登る施設を合坂と呼ぶ。もう一つは、城壁背面に設けられた長大な石階段で、城壁に向かって直角に登る雁木である。二条城本丸では、城壁の郭面全体が長大な雁木となっている。これだと、本丸内のどこからも塁線上に登ることが可能で、合坂に比較し効率的に土塀や櫓に取り付くことが出来る。敵方の攻撃に対し、郭内どこからも塁線上に登ることが出来るのは、それだけ素早い対処が可能ということにも繋がる。

本丸西門跡《ほんまるにしもんあと》

㊿本丸西門枡形と西橋を見る

本丸西門枡形の構造は、東門と同様であるが、その規模はほぼ倍ほどであった。中央に多聞櫓の下を空けた埋門を配し、その前後に枡形空間が設けられた。内堀に突出する枡形は、周囲を土塀が囲い込み、木橋の本丸側に門が構えられていた。土塀内側は、他の寛永造営部分と同様で全面雁木となっている。城内側の枡形空間は、東門同様、本丸より一段低くなっており、南側と東側には鍵の手に折れてさらに東へ延びる多聞櫓が配置されていた。北側のみ建物が無く、そこの雁木を上がって本丸御殿の台所と連絡が可能であった。全体構造から見ると、西側が搦手で、二の丸西門が通用口となっていたことが判明する。

52 西橋越しに見た西門枡形

城には、合計５ヵ所の橋が設けられていた。土橋となるのは、大手門と総称される二の丸東と北側で、他の３ヵ所は木橋であった。木橋は、万が一の際には切り落とすことが可能で、橋を切り落とした本丸は完全に堀に囲まれた要塞を呈すこととなった。

53 本丸側より見た西門埋門跡

石垣上に多聞櫓が連続しており、石垣を空けたその下部が埋門となっていた。現存する二の丸西門とほぼ同一構造である。石垣の隙間に２本の鏡柱が建ち、その間が門扉となる。極めて、小さな門であったことが判明する。

54 南東より見た二の丸東南隅櫓（重要文化財）

現存する隅櫓は2棟で、いずれも二の丸隅櫓である。二の丸東南隅櫓は正面となる東大手門の南側に位置し、多聞塀（土塀）によって東大手門と接続している。大手口を押さえる重要な役割を担う二重櫓でもあった。

二の丸東南隅櫓の初重は、5間×6間で、初重東・南面に出窓が配されている。出窓下は、石落しとなり防備を強固にしていた。石落しが付設されたのは、幕末の改修時のことである。南面の出窓の上部屋根には千鳥破風が配され、あたかも出窓と一体化しているようにも見える。二重目、窓の上下に長押形を造り出しているのは、格式を高めるためである。

徳川幕府によって造られた城の櫓は、ほとんど共通意匠を持っている。一階の出窓、その上に千鳥破風か唐破風、二重目窓上下の長押形は、大坂城、江戸城、名古屋城でも見られる。これは、設計者が共通するための事象として捉えることも可能である。

55 東南隅櫓北方多聞塀（重要文化財）を見る

東大手門と東南隅櫓の間は、長大な多聞塀（土塀）によって接続しており、内部への侵入を防いでいた。現在、約 45 mに渡って現存している。現状の多聞塀には、狭間や石落しという軍事施設は見当たらないが、後水尾天皇行幸を描いた「洛中洛外図屛風」には、狭間が見られる。

56 東大手門北方の多聞塀（重要文化財）

二の丸は、四隅に設けられた隅櫓と東・北大手門部分を除けば、すべてが多聞塀によって取り囲まれていた。総延長は、実に 1800 mにも及んだ。

（古写真２）戦前の二の丸東面

戦前に撮影された二の丸東面。左端の東南隅櫓の窓が開いており、櫓内部に常時出入りしていたことが判明する。東大手門北方の多聞塀が、東北隅櫓に向かって延々と延びており、戦前までは東側多聞塀が良好な形で現存していたことが見て取れる。東大手門南脇の多聞塀に、下部のみ板張とした石落しが見えるが、現在その石落しは失われている。また、北方に延びる多聞塀の途中にも石落しが見え、複数の石落しが存在していたことが解る。二の丸内部の樹木は、ほとんどが松で、現在みられる広葉樹林が戦後に育った樹木であることを示している。

㊼北より望んだ東側外堀

二の丸を取り囲む外堀の中で、東側及び北側の北大手門より東側部分の堀幅が最も狭くなっている。堀幅は、10 m弱で、石垣の高さも水面から8 m前後と低い。写真左側の外堀の西面の石垣は、石材も小さく、積み方も粗雑になっている。

㊽南より望んだ西側外堀

二の丸を取り囲む外堀は、西に向かって凸型となっている。敷地そのものも東が高く西に向かってなだらかに低くなっている。水面と郭外の高さを比較すると、おおよその高低差が判明する。

59 城外より望んだ北大手門（重要文化財）

城外から二の丸へ入る3ヵ所門の内、北面東端に設けられた門である。前面は土橋となっており、名前が示す通りもう一つの大手門であった。外観は、正門である東大手門と同一の意匠で、二階櫓部分の東西がそれぞれ一間小さくなっている。門扉部分の規模は同一で、筋金を貼り付け強固な防備を施している点や、両脇に小門を持つのも同じである。往時は、門を入ると正面に9間×3間の大型の番所が位置していた。

61 元和期の石垣

62 寛永増築期の石垣

60 二の丸と増設部の石垣

北側外堀の屈曲部を見る。写真左側は、徳川家康による元和造営時の石垣で、右側が家光による寛永造営時の石垣。家康造営の石垣を埋め殺して増設したとするのが妥当であろう。

元和と寛永の石垣の違い

元和期と寛永期の石垣の積み方の違いが、外堀を一周することで判明する。江戸期の修理があるため、一律ではないが、概して東側が古く、西側が新しい様相である。元和期の石垣61は方形に加工された石材を多用するもののすべてが方形石材とはなっていない。また、横目地も通らず、巧みに石材の長辺部が接合するように配置され、隙間に丁寧に間詰石が詰められている。対して、寛永期以降の石垣62は、ほぼ規格加工石材が使用され、きれいに横目地が通り、間詰石も少ない。より、石垣構築が効率化・省力化の方向に変化したことを示している。

63 城外より見た西門（重要文化財）

西側城外から二の丸西方へ入る門で、通用口でもあった。門は石垣を空けた場所に位置し、上部が多聞塀となる埋門である。かつては木橋が架けられていたが、現在橋は残されていない。西から外側に突出している石垣が橋台である。門内部は、内枡形で、正面と南半分に多聞櫓、北側は櫓門と、城内一強固な構造を持つ門であった。現在、枡形内へ入ることは出来ない。

64 西門　門部分

65 南西より見た西南隅櫓（重要文化財）

二の丸東南隅櫓と対に位置する二重櫓。規模は、東南隅櫓に比べて南北、東西共に1間小さい。外観意匠は共通するが、西面の出窓上には千鳥破風ではなく、唐破風が採用されている。窓の数を比較すると、西・南面共に各階で2個ずつ少ないことが解る。

土塀と土塁の接続方法

土塁上に土塀を設置する場合、土を掘って柱を設置して土塀を築くことも可能である。しかし、それでは木部がすぐに腐ることになる。腐食を防ぐために礎石を並べ根太を敷いてその上に土塀を設ける事例も残る。二条城では、礎石のように石を並べ、その上に土塀を設けている。石は、屋根から水が落ちる部分まで敷き詰められている。

66 西南隅櫓北土塀（重要文化財）

⑰西より望んだ北側外堀

西北隅角から北側外堀を望む。写真右端に西北隅櫓が位置していた。石垣上には、土塀が延々と続いていた。写真奥に石垣が見えるが、この部分から手前が寛永の増築部分になる。この部分の堀幅は、20 mを越える広さとなっている。

⑱西より望んだ南側外堀

写真左端の角地が、外堀が鍵の手に折れる部分で、ここから東側が当初の石垣となる。堀幅は18 m程で、写真⑬と比較し、外側部分との高低差が無いことが判明しよう。中央部の南北方向の乱れた石垣が、当初の石垣となる。

69 南門を見る

城の南辺に位置し、押小路通に面した門である。大正 4 年（1915)、大正御大典（大正天皇 即位式）に際し、二の丸が饗宴場として使用されることになり、新たに造られた門で、城とは関係ない門である。

外堀は、総石垣造りで西に向かって凸形となっている。南北約 400 m × 東西約 500m で、外堀を一周すると 2 km 弱を歩くことになる。東半分が慶長創建期のもので、西側の 8 m程ずつ内側に引っ込んだ区画が元和の付設部分である。堀の幅や石垣の積み方に注目したい。堀幅は、東側が最も狭く約 9 m、北側の慶長期の堀が約 12 m、同じく南側が 18 mで、元和期の堀幅はいずれも 20 mと東側の倍の規模となる。石垣は、かなりの部分が積直しを受け、横メジの通る規格加工石材になっているが、打込ハギの旧状が残る箇所も多い。無駄を極力省いた、直線の石垣で囲まれた城の構造を堪能したい。

70 二条橋南の石垣

71「是ヨリ北紀州」の銘文

72 刻印 1「⌺」

73 刻印 2「◎」

堀川に面した石垣（国指定史跡）

二条城に面した堀川西岸の石垣には、1 行の銘文と 21 箇所の刻印が残る。その範囲は、夷川橋の北から二条橋の南まで、約 230 m である。二条城の築城に伴って、慶長 8 年（1603）頃に築かれたもので、国の史跡に指定されている。

堀川に架かる二条橋の北側に残る「是ヨリ北紀州」と書かれた石は、丁場（工事分担箇所）を示すもので、紀州浅野家が石垣工事を担当したことを伝えている。刻印は、石の所有を示す印と考えられている。

二の丸御殿内部と台所

大広間《おおひろま》四《よん》の間《ま》松鷹図《まつたかず》（重要文化財：元離宮二条城事務所蔵）　大広間の襖絵の画題は松で、様々な松が形を変えて描かれている。枝にとまる鋭い目を持つ鷹が画面に緊張感をもたらしている。

式台の間を見る

遠侍と大広間の間に位置する式台は、南側の式台の間と北側の三室（老中一の間～三の間）からなっている。廊下に面した式台の間の襖絵は、松が主題で、巨大な松が長押の上まで伸びる構図で合った。この襖絵は狩野探幽の作だと伝わる。

勅使の間

主室の勅使の間は、21畳敷の上段の間と32畳敷の下段の間の二室からなり、西側に一の間が位置しており、襖は楓樹花鳥に檜が表現され、静寂の中に清楚なイメージを醸し出している。床・違棚・帳台構を設け、格式を高めていた。また一の間側の襖には、竹林に虎が描かれていた。隣接する、二の間、三の間も竹林に虎と豹が描かれ、将軍の権威を示している。

大広間一の間

大広間は、六室で構成され、主室の一の間（上段の間）は 48 畳敷で、南に続く二の間（下段の間）が 44 畳敷。両部屋の境には漆塗の框と、天井下に小壁が設けられ、さらに床が一段高くなっている。将軍の御座所部分の天井は、二重折上格天井を採用、床・違棚・帳台構・付書院を付設することで、格式を高めている。襖絵は、四周いずれも巨大な天井にまで届きそうな松が描かれ、隙間に孔雀が見られる。

一の間・二の間　将軍対面の場

将軍と諸大名の対面は、ここで行われた。上段の間中央に将軍、右手には刀小姓が常に従えていた。下段の間は、最前列右手に老中、左手に高家・若年寄が向かい合い、下手に諸大名が控えるのが常であった。

慶応3年（1867）10月12日、15代将軍徳川慶喜はこの部屋に老中をはじめ、京都守護職松平容保・京都所司代松平定敬等の首脳陣を集め「大政奉還」の決意を告げ、翌13日、在京する40藩の主だった者に告げた。家康の将軍宣下の賀儀の舞台とするために築かれた城は、はからずも徳川幕府滅亡の舞台ともなったのである。

黒書院一の間

大広間と蘇鉄の間（板敷の大廊下）で繋がる黒書院は、政務や内向きの対面などに用いられた建物で、大広間に比較すれば一回り程規模は小さいため小広間とも呼ばれていた。障壁画は、一の間が老松に柴垣と紅梅、二の間には八重桜が描かれている。

台所（重要文化財）全景

遠侍の北に建つ台所・御清所は、料理のための建物で、付廊下によって接続し、調理から盛り付け、配膳が行われた。かつては西に裏方の建物群が建ち並んでいたが、2棟を残し現存していない。

白書院一の間

白書院は、二の丸御殿の最奥に位置し、将軍の居間や寝所として使われた。私的空間であったため、淡彩の山水画や花鳥図が描かれ、落ち着いた雰囲気を醸し出している。

台所内部主室

内部は広い土間と、板敷の広間（板間）、御膳所、囲炉裏の間などが設けられ、入口南方に中二階を設け見張台としていた。

二条城略年表

西暦	和暦	記事
1569	永禄 12	織田信長、足利義昭の居所とすべく二条城を造営
1573	天正 元	織田信長、足利義昭を追放し、二条城を破却
1602	慶長 7	徳川家康、二条城造営に着手
1603	慶長 8	二条城落成。家康将軍宣下を受け、二条城から拝賀の礼に赴く
1605	慶長 10	秀忠が将軍宣下を受け、二条城から拝賀の礼に赴く
1611	慶長 16	家康が、二条城にて豊臣秀頼と会見
1614	慶長 19	大坂攻め（大坂冬の陣）の幕府本営となり家康が入城
1615	元和 元	再度、大坂攻め（大坂夏の陣）の幕府本営となる。 二代秀忠、「禁中並公家諸法度」を城中にて発布
1620	元和 6	秀忠の娘・和子が後水尾天皇の女御として二条城から入内
1623	元和 9	秀忠、家光上洛、二条城へ入城。家光が将軍宣下を受け、二 条城から拝賀の礼に赴く
1624	寛永 元	二条城、後水尾天皇行幸に向けて大改築を開始
1626	寛永 3	二条城増築完成。後水尾天皇が二条城に行幸
1628	寛永 5	行幸御殿を解体し、院御所等へ移築
1634	寛永 11	家光、大軍を率いて入城。以後、二条在番が置かれる
1622	寛文 2	大地震により城内各所が被災
1699	元禄 11	二条城代廃止、定番、与力、同心管理に移行
1750	寛延 3	天守落雷により消失、以後再建されず
1788	天明 8	天明の大火により、本丸殿舎、同櫓など焼失
1862	文久 2	家茂上洛に併せ、二の丸御殿及び仮設建物の造営着手
1863	文久 3	家光以来 230 年ぶりに将軍として家茂が上洛
1866	慶応 2	徳川慶喜の将軍宣下の儀が二条城で執り行われる
1867	慶応 3	二の丸御殿大広間にて慶喜が大政奉還を発表
1868	明治 元	城内に太政官代が置かれる
1871	明治 4	二の丸御殿に京都府庁舎が置かれる
1884	明治 17	宮内省所管となり「二条離宮」と改称
1893	明治 26	旧桂宮邸を本丸へ移築し、本丸御殿とする
1915	大正 4	大正天皇即位の大典のための大饗宴場を二の丸に造営。併せ て、南門や二の丸御殿の付属建物を増築
1930	昭和 5	二階廊下を解体し、部材を保存する
1939	昭和 14	宮内省より京都市に下賜、「元離宮二条城」と総称 二の丸御殿等が国宝（旧国宝）に指定される
1940	昭和 15	恩賜元離宮二条城として一般公開開始
1949	昭和 24	昭和修理が始まる（～昭和 50 年）
1952	昭和 27	文化財保護法制定により、二の丸御殿 6 棟が国宝、隅櫓など 22 棟が重要文化財に指定される

1953	昭和 28	二の丸庭園が特別名勝に指定される
1982	昭和 57	二の丸御殿障壁画が重要文化財に指定される 本丸御殿の保存修理工事が始まる（〜平成２年）
1994	平成　6	世界文化遺産に登録
2012	平成 24	28 棟の建物を 20 年間かけて修理する事業が開始

あとがき

二条城と言えば、国宝の二の丸御殿がイメージされます。私が、初めて二条城を訪れたのは、中学生の修学旅行でした。その時、二の丸御殿を案内してくれたガイドさんの言った「この廊下は、鶯張りで忍者が忍び込んでも、キュッキュッと音を立て、教えてくれる」という説明が、極めて印象的で、ずっと頭から離れませんでした。そうか、忍者も無理なのかと妙に納得したことを覚えています。学校に勤めるようになってから、何度修学旅行で来たことでしょう。個人的に訪れたのも含めれば、すでに十数回足を運んでいます。

本書は、二条城の城郭部分について知ってもらうことが目的です。従って、国宝の二の丸御殿内部は、必要な部分のみの紹介にとどめました。二の丸御殿ばかりが二条城ではないと解っていただけたら幸いです。御殿以外に現存する建物はほとんどが重要文化財であり、土蔵は国内唯一の現存建物になります。本丸まで足を延ばして、軍備増強のための様々な工夫を楽しんでください。元和期と寛永期の石垣を見比べることもできます。二条城では、平成 24 年から 28 棟の建物を 20 年間かけて修理することが予定されています。最大の目玉は、解体されて部材が保存されていた二階廊下が復元されることです。

本「極める」シリーズは、これで 4 冊になりました。こんなに続けざまに、刊行するとは思いもかけませんでした。さて次回は、どこの城を極めることになるのでしょうか、乞うご期待！

2012 年　金環日食で湧いた 5 月吉日

加藤　理文（かとう　まさふみ）
1958 年生まれ 駒澤大学文学部歴史学科卒業、博士（文学）
静岡県教育委員会を経て、現在袋井市立周南中学校教諭

■主な著作
『城郭探検倶楽部』（共著）新人物往来社　2003年
『静岡の山城ベスト50を歩く』（編著）サンライズ出版　2009年
『静岡の城 ― 研究成果が解き明かす城の県史』
サンライズ出版　2011年

本書売り上げの一部を「世界遺産・二条城一口城主募金」（本格修理募金事業）に寄付させていただきます。

二条城を極める

2012年 7 月28日　初版第 1 刷発行

著　者／加　藤　理　文

発行者／岩　根　順　子

発　行／サンライズ出版株式会社
滋賀県彦根市鳥居本町655-1　〒522-0004
電話 0749-22-0627　FAX 0749-23-7720

ISBN978-4-88325-479-8 C0021